In der Reisemaus-Serie bereits erschienen:
Die Reisemaus in Spanien

Die Abenteuer der Reisemaus sind auch als CDs/MCs
bei Universal Family Entertainment erhältlich.
Die Reisemaus im Internet: www.reisemaus.com

Die Deutsche Bibliothek – CIP-Einheitsaufnahme
Ein Titeldatensatz für diese Publikation
ist bei Der Deutschen Bibliothek erhältlich

Lenz, Angela:
Die Reisemaus in Italien
ISBN 3 522 43395 5

Übersetzung: Rossana Menichelli
Einbandtypografie: Michael Kimmerle
Innentypografie: Bettina Wahl
Schrift: Garamond Condensed, Kosmik
Reproduktion: Photolitho AG in Gossau/Zürich
Druck und Bindung: J.P. Himmer in Augsburg

5 4 3 2 1* 02 03 04 05

Thienemann im Internet: www.thienemann.de

ANGELA LENZ

Die Reisemaus in Italien

Ein Reiseführer für Kinder

THIENEMANN

Appetit auf Italien

Heute gibt es Pizza bei der Reisemaus und alle ihre Freunde sind eingeladen. »Woher kommt Pizza eigentlich?«, fragt der Igel. »Aus Italien«, sagt die Reisemaus und fühlt auf einmal so eine Sehnsucht in ihrem Herzen … das ist die Reiselust!
Mit einem Heißluftballon geht's am nächsten Tag schon los.

Italien sieht aus wie ein Stiefel

Auf der Landkarte hat Italien wirklich Ähnlichkeit mit einem Stiefel. Außerdem gibt es hier einen Fluss, der Po heißt!

Venedig
Mailand
Florenz
Pisa
Adria
Bari
elmeer
Rom
Pompeji
Neapel
Amalfi
Sardinien
Palermo
Sizilien

Die Stadt am Wasser

Die Reisemaus landet in Venedig. Hier gibt es keine Straßen, sondern Kanäle, denn Venedig liegt am Wasser. Und statt mit dem Auto fährt man mit der Gondel.
Gut, dass die Reisemaus schwimmen kann! Sie rettet ein Mäusemädchen, das ins Wasser gefallen ist.

Hhm, che buono!
Hhm, lecker!
Buon appetito!
Guten Appetit!
Ben ti sta!
Ätsch!

Grazie, kleine Maus!

Rossana, so heißt das Mäusemädchen, lädt die Reisemaus zu sich nach Hause ein. Und dann wird gefeiert! Zuerst gibt es Antipasti, das sind Vorspeisen, und dann Pasta, so heißen Nudeln auf Italienisch.
»Schmeckt es dir, Reisemaus?«
»Molto buono. Sehr gut!«

Was es in Italien nicht alles gibt!

Nach dem Essen erzählt Rossana von ihrem Land. Über schnelle Autos, berühmte Sänger, fliegende Menschen …
Da hat die Reisemaus eine Idee: »Hast du nicht Lust, mir dein Land zu zeigen?« Rossana freut sich und packt gleich ihren Koffer.

… wohnt der Papst. Er ist das Oberhaupt aller Katholiken.«

…rraris und Maseratis

»Wir Italiener lieben die Oper. Das ist wie Theater, nur dass dabei gesungen wird.«

»Einer unserer berühmtesten Maler heißt Leonardo da Vinci.

Er hat, lange bevor es Flugzeuge gab, diese Flugmaschine erfunden.«

»Und Fußball ist für uns natürlich das Größte!«

Irgendetwas ist hier schief!

Zuerst geht's nach Pisa.
Hier steht ein ganz berühmter Turm, der schief ist.
Die Reisemaus staunt.
»Warum ist der Turm denn so schief?«
»Er steht auf Sandboden«, erklärt Rossana. »Aber keine Angst! Der fällt nicht um.«

Und die Hauptstadt heißt Rom

Eine Legende erzählt, dass Rom von Romulus und Remus gegründet wurde. Das waren zwei Kinder, die von einer Wölfin großgezogen wurden.
Rossana und die Reisemaus laufen zum Kolosseum. Hier haben früher Gladiatoren gegen wilde Tiere wie Löwen, Elefanten und Flusspferde gekämpft.

Vorsicht, Vulkane!

Weiter geht die Reise – nach Pompeji! Hier ist vor tausenden von Jahren ein riesiger Vulkan ausgebrochen, der Vesuv. Er hat die ganze Stadt Pompeji begraben. Erst viel später hat man die Stadt unter der Asche wiedergefunden.

TAVERNA

Einmal Strand, bitte!

Jetzt will die Reisemaus nur noch baden, am Strand spielen und vielleicht eine große Sandburg bauen. In Amalfi finden die zwei einen wunderschönen Strand. Mit Riesenrutsche. Hier bleiben sie bis zum Abend.

Palermo und Parmesan

Rossana führt die Reisemaus durch die engen Gassen von Palermo. Das liegt auf der Insel Sizilien. Leider muss die Reisemaus jetzt wieder nach Hause. »Arrivederci, liebe Rossana!« Zum Abschied gibt es ein riesiges Stück Parmesankäse. Hhmmm!

Zur Begrüßung eine Torte

»Sie ist leider ein bisschen schief geworden«, muss der Frosch zugeben.
»Macht nichts«, lacht die Reisemaus, »schief bin ich jetzt gewöhnt.«
Ganz, ganz spät geht's ab ins Mäusebett.
Träum was Schönes, Reisemaus!

So sagt man das auf Italienisch

Zahlen

eins	uno
zwei	duo
drei	tre
vier	quattro
fünf	cinque
sechs	sei
sieben	sette
acht	otto
neun	nove
zehn	dieci

Essen und Trinken

Ich habe Hunger.	(Io) ho fame.
Ich habe Durst.	(Io) ho sete.
Ich bin satt.	(Io) sono sazio/sazia (m/w)
Das schmeckt toll!	Che buono!
Das schmeckt mir nicht!	Questo non mi piace!

Wo?

Wo ist der Strand?	Dov'é la spiaggia?
Wo ist hier der Spielplatz?	Dov'é il parco giochi?
Wo gibt es Eis?	Dove si compra il gelato?
Wo ist das Klo?	Dov'é il gabinetto?
Wo ist meine Mama?	Dov'é la mia mamma?
Wo ist mein Papa?	Dov'é il mio papá?

Freunde finden

Guten Tag!	Buon giorno!
Hallo!	Ciao!
Auf Wiedersehen!	Arrivederci!
Wie heißt du?	Come ti chiami?
Ich heiße ...	(Io) mi chiamo ...
Danke.	Grazie.
Sprichst du deutsch?	Parli tedesco?
Ich verstehe nicht.	Non capisco.
Wollen wir zusammen spielen?	Vogliamo giocare insieme?

Hilfe!

Kannst du mir helfen?	Mi puoi aiutare?
Ich habe mich verlaufen.	Mi sono perso/persa (m/w).
rechts	destra
links	sinistra
geradeaus	diritto
Ich brauche einen Arzt.	Ho bisogno di un medico.
Es tut hier weh.	Qui mi fa male.
Mir ist schlecht.	Mi sento male.